MOI, UN LEMMING

Titre original :

THE LEMMING CONDITION

ALAN ARKIN

MOI, UN LEMMING

Traduit de l'anglais
par Roland Delouya

Illustrations de
GÉRARD FRANQUIN

Castor Poche Flammarion

L'auteur

Alan Arkin est né à New-York et a fait toutes ses études à Los Angeles. Il est aujourd'hui producteur de films et acteur aux États-Unis. Il consacre toutefois beaucoup de temps à écrire, car il ne peut pas s'empêcher de transcrire sur une feuille toutes les idées qui lui tournent dans la tête !

Le traducteur

Roland Delouya préfère, nous dit-il, traduire de l'américain, plus près du langage parlé. "C'est pourquoi j'ai pris un réel plaisir à travailler sur *Moi un lemming*, dont la langue est particulièrement vivante. Si je prends ce livre comme une fable, la morale que je pourrais en tirer est : sois toi-même. Envers et contre tous, le jeune Bubber sera lui-même. Il évoluera durant sa quête, se transformera, je dirais même se transmutera à travers une prise de conscience qui fera de lui un individu autonome et responsable."

Les illustrateurs

Gérard Franquin, l'illustrateur de l'intérieur de *Moi un lemming*, a pratiquement toujours un crayon ou un pinceau à la main, depuis sa naissance en 1951. Il a illustré de nombreux albums et ouvrages pour l'Atelier du Père Castor, où il a longtemps travaillé en tant que maquettiste, avant de partir habiter dans le sud de la France.

Olivier Tallec, l'illustrateur de la couverture de *Moi un lemming*, est né en 1970 en Bretagne. Il habite actuellement à Paris. Après avoir travaillé comme graphiste, dessiner est aujourd'hui son seul métier.

À ma mère,
à mon père.

Chapitre 1

Le soleil se répandit dans le terrier, atteignit le sol, grimpa lentement le mur, et vint s'immobiliser sur la figure de Bubber. Il s'éveilla en sursaut dès qu'il le frôla. Bubber se redressa, plein de joie anticipée, prêt à foncer. Il avait quelque chose d'important à faire ce jour-là, mais quoi au juste, il ne s'en souvenait plus. Rien ne lui revenait. Sarah, la sœur de Bubber, se trouvait à l'autre bout de la chambre, triant des piles de vêtements, entassant les listes sempiternelles qu'elle ne cessait de dresser.

– C'est aujourd'hui ? demanda impatiemment Bubber en clignant des yeux dans la lumière éblouissante. Qu'est-ce qui se passe aujourd'hui ?

Sarah interrompit son travail et poussa un profond soupir théâtral, faisant ainsi comprendre à son frère quel fardeau il représentait pour elle.

– Allez, quoi, dit Bubber. Dis-le-moi. Pas la peine de faire une scène pour tout et n'importe quoi !

Sarah lui sourit comme à un demeuré, et fit lentement un grand arc avec son bras.

– Ah, oui ! s'exclama Bubber, en se frappant le front avec la patte.

– Tu as compris ?

– J'ai compris, répondit Bubber en sautant du lit.

– Tu n'oublieras pas, maintenant ? dit sarcastiquement Sarah.

– Je n'oublierai pas.

Il se secoua pour se réveiller, et passa dans la salle de séjour, prêt à agir. Ses parents, debout depuis une heure, étaient l'illustration parfaite de l'agita-

tion qui consiste à ranger et à faire des préparatifs. Leur activité se déployait de façon anarchique. Son père mettait des choses en ordre et reculait pour juger du résultat ; sa mère nettoyait et époussetait des objets, puis époussetait de nouveau les mêmes objets. Ils se parlaient tout bas, mais avec intensité.

– Ah ! Bubber ! Bubber ! s'écria son père, levant un bras en guise de salutation.

Il garda le bras en l'air comme s'il allait poursuivre, mais une longue habitude de n'avoir rien à dire à son fils le figea dans une attitude de salut.

– Je peux être utile à quelque chose ? interrogea Bubber en se demandant combien de temps son père allait garder le bras en l'air.

– Non, non, nous venons juste de, euh... fit-il, laissant sa phrase en suspens, incapable de trouver la suite.

Alors il déplaça une pile de magazines pour les poser juste à l'endroit où ils se trouvaient cinq minutes auparavant.

La mère de Bubber était en train de se parler calmement. Une vieille habitude. Elle se disait exactement ce qu'elle allait faire ensuite. Bubber détestait l'interrompre, surtout ce jour-là, les ordres qu'elle se donnait semblaient si terriblement urgents. Alors il se prépara un petit déjeuner rapide et s'apprêta à quitter le terrier avec un long sac à la patte.

– Où vas-tu avec ce long sac ? demanda son père vivement.

Il n'y avait jamais qu'un seul endroit où Bubber se rendait avec un sac, mais il répondit patiemment :

– Je vais sur la Colline au Milan une dernière fois.

– Qu'est-ce qui se passe là-haut ? interrogea son père. Pourquoi vas-tu tout le temps là-haut ?

– Pour des tas de choses, répondit Bubber. Du trèfle, par exemple. C'est le seul trèfle qu'il y ait dans les environs. Il n'y a rien à manger par ici.

– C'est tout ? demanda le père de Bubber. Seulement du trèfle ?

– Seulement du trèfle.

– Eh bien, pourquoi n'en cueilles-tu pas une grande brassée, nous en donnerions ainsi un peu autour de nous. Va chercher Oncle Claude et toute la bande.

Bubber marmonna en signe d'assentiment, et quitta le terrier en traînant le sac derrière lui.

La plaine que traversait le chemin de la Colline au Milan grouillait habituellement d'activité : des lemmings s'affairant à la recherche de nourriture, papotant, se battant, ou troquant des graines contre de la paille. Mais ce matin, la plaine était calme et vide. Bubber nota cette absence d'activité et fut pris d'un pressentiment. Ce n'était pas le silence doux de la Colline au Milan, mais un silence épais et vert. La même sorte d'atmosphère qui se manifeste avant un violent orage. Ce qui se passait chez Bubber se passait sans nul doute partout ailleurs dans tous les terriers, enfouis profondément dans le sol. Bubber percevait presque le bourdonnement sourd émanant de la terre tandis qu'il cheminait.

Il grimpa la Colline au Milan, sac à la main. La colline était un de ses lieux favoris. Le trèfle y abondait encore au sommet, mais cet endroit étant exposé, peu de lemmings s'y aventuraient. A l'occasion, de grands oiseaux fréquentaient la colline, éloignant ainsi les lemmings.

Bubber ne se jugeait pas particulièrement courageux, mais pour une raison obscure, étrangère à la cueillette du trèfle, il se sentait attiré par la colline, et les oiseaux ne l'effrayaient pas. Il s'était même lié d'amitié avec quelques corbeaux, qu'il trouvait, en dépit de leur hystérie occasionnelle, intéressants et réfléchis, en tant que groupe. Il comptait même un ami intime parmi eux, qu'il appelait Corbeau.

Lorsque Bubber arriva au sommet de la colline, il trouva son ami installé, observant silencieusement la morne plaine.

– Lemming, dit Corbeau en guise de salutation.

– Corbeau, fit Bubber.

Corbeau avait des difficultés à regarder Bubber en face. Son œil se fixa sur lui un instant, puis revint vers la plaine.

– Calme là-dessous, dit-il prudemment.

– Mmmm, murmura Bubber.

Il cueillit au hasard un peu de trèfle et se mit à en mâchonner.

– Qu'est-ce qui se passe en bas ? demanda Corbeau.

– Qu'est-ce que tu veux dire ? fit Bubber.

– Il n'y a personne dans les parages. Où sont-ils tous passés ?

– Ils s'apprêtent, dit Bubber tranquillement.

– Ils s'apprêtent ?

– Mmmm, commenta Bubber.

– Ils s'apprêtent à quoi ? interrogea Corbeau.

Eh bien, c'est notre heure, répondit Bubber avec un léger gloussement. Nous allons partir vers l'Ouest.

– Partir vers l'Ouest ? s'enquit Corbeau.

– Exactement.

Corbeau songea à ce départ vers

l'Ouest. Il connaissait la plupart des activités qui avaient lieu sur la plaine, mais cette information était nouvelle pour lui.

– Partir vers l'Ouest, tu dis ? répéta-t-il.

– Partir vers l'Ouest, confirma Bubber.

A l'ouest de la plaine, à environ un kilomètre, se trouvaient les Falaises du Maure, puis la mer. Six mille kilomètres de pleine mer.

– Vous allez aux falaises, c'est ça ? demanda Corbeau.

– Oui, répondit Bubber.

– C'est pour quoi, un pique-nique ? Une sorte de fête ?

– Je ne sais pas comment appeler ça. C'est notre heure, voilà tout.

Corbeau trouva la réponse un peu évasive. Quelque chose lui semblait louche.

– Qu'allez-vous faire, vous promener toute la journée là-bas ? demanda-t-il.

– Non, nous ne faisons que passer, dit Bubber.

– Ah ! je vois...

Corbeau attendit quelques éclaircissements, mais en vain.
— Vous continuez vers l'Ouest, en somme ?
– C'est ça.
– Tout droit vers les Falaises du Maure, que vous franchirez ?
– C'est ça, confirma encore Bubber.
– Tout droit vers l'Ouest, dans l'Océan ?
– Quelque chose comme ça, dit Bubber.
– Hmmm... dit Corbeau.
Il resta songeur un moment, gloussa, secoua la tête, et gratta le sol.

Bubber ouvrit son sac et s'apprêta à quitter Corbeau, mais celui-ci l'arrêta avec sa serre.
– Attends.
– Qu'y a-t-il ? dit Bubber, choqué par le geste brusque de Corbeau.
– Mettons cette chose au point, dit Corbeau.
– Je ne vois pas ce que tu veux dire, fit Bubber.
– Il y a quelque chose qui ne va pas là-dedans.

– Comment ça ? demanda Bubber.
– Attends juste une minute, dit Corbeau. en plissant les yeux vers le ciel pour rassembler ses idées. Organisons-nous un instant.
– Il faut que je cueille du trèfle, dit Bubber en s'apprêtant une nouvelle fois à partir.

Corbeau l'arrêta encore.
– Accorde-moi juste une minute.

Bubber obéit à contrecœur.
– Bon, maintenant, poursuivit Corbeau, qui est ce « nous » ? Qui va faire ce voyage ?
– Nous tous.
– Nous qui ? dit Corbeau. Moi, je ne vais nulle part.
– Non, non, répondit Bubber avec impatience. Tous les lemmings. Seulement les lemmings.
– Alors quoi ? insista Corbeau, toujours insatisfait. Vous allez aux falaises, vous sautez dans l'Océan, vous nagez un peu, et ensuite ?
– On ne sait pas, dit Bubber de plus en plus impatient.

L'interrogatoire commençait à le mettre mal à l'aise. Jusque-là il avait pris ce voyage comme allant de soi. Les lemmings faisaient quelque chose. Il était un lemming.

– Tu sais nager ? lui demanda Corbeau.
– Je n'en sais rien, j'ai jamais essayé, répondit Bubber, feignant l'indifférence.
– Je vois. Eh bien, ce serait peut-être une bonne idée d'essayer d'abord. Qu'en penses-tu ? C'est que ça fait beaucoup d'eau, là-bas. Tu as déjà vu l'Océan ?
– Non, je ne vais pas beaucoup par là, admit Bubber.
– Eh bien, va y faire un petit tour, tu verras. Enfin, quoi, il y a des masses d'eau là-bas. Tu as le temps ? Je peux t'y emmener d'un coup d'aile jeter un coup d'œil et te ramener ici en dix minutes.
– Je crois qu'il vaut mieux pas, dit Bubber.

L'idée de voir l'Océan ne lui était jamais venue, et sa réalité — la pensée qu'un océan puisse vraiment exister, une énorme étendue d'eau sans fond — continuait de le mettre mal à l'aise.

– Bon. Alors, que dirais-tu d'une trempette dans un étang ? demanda Corbeau. Essaye d'abord. Il y en a un à environ quatre kilomètres à l'est. Je peux t'y emmener vite fait.
– Non, dit Bubber.
– Qu'est-ce que tu ressens vis-à-vis de l'eau ? interrogea Corbeau. L'idée d'être immergé te remplit-elle d'une joie quelconque ?
– Pas particulièrement.
– Tu n'as jamais été dans l'eau jusqu'au cou ?
– Non, dit Bubber.

Il tira sur son sac que Corbeau retenait toujours avec sa serre.
– Je ne peux pas parler plus longtemps. Il faut que je redescende pour aider.
– Tu n'as jamais eu un ami ou un parent qui ait été dans l'eau ? demanda Corbeau.
– Non.
– Ça ne te paraît pas un peu *étrange* ?

demanda Corbeau avec force. Ça ne te semble pas un peu *bizarre* ?
– Laisse-moi tranquille ! cria Bubber en faisant volte-face. Occupe-toi de tes affaires !

Corbeau rejeta la tête en arrière comme si on l'avait mordu. Il y eut un silence embarrassé, puis Bubber s'éloigna et se mit à cueillir du trèfle et à le fourrer dans son sac.
– Je suis désolé, dit Corbeau.
– Ça ne fait rien, dit Bubber.
– J'ai dépassé les bornes, dit Corbeau.
– Oublions ça.
– C'est que je m'intéresse au comportement animal, dit Corbeau. Si on garde les oreilles et les yeux ouverts on entend un tas de choses singulières, et puis, je ne sais pas, quelquefois je suis surexcité. Je pose des tas de questions, et je dépasse les bornes. Tu vois ce que je veux dire ?
– Je vois ce que tu veux dire, répondit Bubber.

Il y avait dans sa voix une raideur plus éloquente qu'un discours.

« C'est fini », pensa Corbeau, avec quelque amertume. Il avait déchiré ce qui s'était tissé entre eux. Aucun moyen de raccommoder. Ce ne serait plus jamais pareil. Corbeau respira profondément et s'éclaircit la gorge.
– Adieu, Lemming, fit-il cérémonieusement.
– Adieu, dit Bubber.

Corbeau partit à tire-d'aile.
– Écris-moi un de ces jours ! cria-t-il pardessus son épaule, dans une dernière tentative pour dénouer la situation, mais il savait que cela ne servirait à rien.

Bubber arrachait le trèfle, pestant contre la brusquerie de Corbeau. Des animaux différents fonctionnaient de façon différente. Chaque espèce était traversée de courants profonds et mystérieux qui étaient censés être respectés. Comment Corbeau osait-il se moquer, ou même remettre en question une fonction des lemmings ?

Bubber, en rage, finit de cueillir le

trèfle, et redescendit la colline. Son humeur ne le prédisposait pas du tout à partager le trèfle ni à s'accorder à la nervosité qui se créait sous terre parmi les lemmings, partout dans la grande plaine.

Chapitre 2

A la maison, les parents de Bubber essayaient activement de décider de ce qu'il fallait emporter ou laisser, mais, n'étant pas sûrs du lieu où ils allaient et ne sachant combien de temps ils s'absentaient, la tâche n'était pas facile.

Bubber entra en coup de vent dans la maison et jeta le sac de trèfle par terre, au milieu de la pièce.

– Qu'est-ce qui ne va pas ? demanda son père.

– Corbeau, répondit Bubber. Il m'a énervé. Il a dépassé les bornes.

– C'est ce qu'ils font. Ils sont connus pour ça.

– Mais il ne l'a jamais fait avant, dit Bubber.
– Ne perds pas ton temps avec un corbeau.

– Je suis tout retourné, dit Bubber en s'affalant sur un fauteuil pour essayer de se détendre. Il m'a mis les nerfs à vif.
– Qu'est-ce qu'il a fait ? Qu'est-ce qu'il a dit ?
– Ben ! il a plus ou moins insinué que les lemmings ne savent pas nager, dit Bubber avec hésitation.
– C'est ça qu'il a dit ?

M. Lemming gloussa et regarda sa femme, qui gloussa aussi.
– Tu imagines ? dit Mme Lemming.
– J'espère que tu lui as dit son fait, dit M. Lemming.
– Eh bien, j'ai crié après lui. Puis je me suis rendu compte d'une chose : j'ignore si nous savons nager ou non. Alors, ça m'a un peu énervé.
– C'est exactement ce dont sont capables les corbeaux, dit M. Lemming avec force.

– Tu te rends compte ? demanda-t-il à sa femme. Et un jour comme aujourd'hui !

– C'est quelque chose, répondit-elle fermement. C'est vraiment quelque chose !

– On ne peut plus rien dire à personne, dit M. Lemming.

– Ça c'est bien vrai, approuva sa femme.

– A *mon* avis, si tu veux mon avis, dit M. Lemming, laisse tomber les corbeaux. C'est *mon* avis. (Il se tourna vers sa fille) : Sarah, cours donc chez Oncle Claude, et dis à tout le monde de venir ici partager le festin rapporté par Bubber.

– J'y vais, dit Bubber, heureux de trouver une excuse pour sortir.

Il partit en courant, se sentant quelque peu soulagé. Mais en chemin, il s'avisa que son père n'avait rien dit de précis. Bubber avait été conforté par l'attitude de son père, mais quant à savoir s'ils savaient nager ou non, la question restait entière.

A mi-chemin, Bubber tomba nez à nez avec Arnold, un cas tragique de la région. Arnold avait été fort dans sa jeunesse. Il avait jadis sauvé la ville d'un lynx en maraude en le tuant d'une seule main. Il devint un héros et, pendant un temps, s'enivra des flatteries de ses semblables. Les années s'écoulèrent cependant, et l'unique laurier sur lequel reposait Arnold finit par s'user. A la consternation de chacun, Arnold continua de se reposer dessus. Les parents de Bubber le regardaient de travers, mais Bubber trouvait, et beaucoup de ses amis avec lui, qu'Arnold était plus amusant à fréquenter que la plupart des adultes du coin.

– Quoi de neuf ? demanda Arnold en voyant Bubber approcher.
– Pas grand-chose, dit Bubber. Je suis un peu agacé par cette chose aujourd'hui, c'est tout.
– Quelle chose aujourd'hui ?
Bubber regarda Arnold, incrédule :
– Cette *chose* aujourd'hui, dit-il. Cette *affaire*. Ce que nous *faisons*.

Il décrivit le même arc de cercle que celui fait par Sarah. Il attendit la réaction d'Arnold, mais rien ne vint.
– Le saut dans la mer, Arnold !
– Ah oui, le saut ! répéta Arnold sans grand intérêt.
– Ça va être comment, d'après vous ?
– Comment le saurais-je, dit Arnold en regardant Bubber, complètement indifférent.

– Vous voulez dire que vous n'y avez pas pensé ? demanda Bubber quelque peu intimidé.

– Oui, dit Arnold, irradiant la paix, le calme et le dédain.
– Je ne sais pas comment vous faites, dit Bubber, qui s'assit près d'Arnold en tâchant d'irradier la paix, le calme et le dédain.

Il sortit son ventre et voila son regard, mais il se sentait toujours à cran.
– Comment faites-vous, Arnold ?
– Je ne sais pas. Tu épouses en quelque sorte les événements à mesure qu'ils se produisent.
– C'est pas facile, dit Bubber.
– C'est pourtant la seule façon de faire son chemin.
– Vous avez raison, dit Bubber, et j'essaye de vivre de cette façon. Quand je me suis réveillé, ce matin, j'avais même oublié ce qui allait se passer. Mais je suis monté à la Colline au Milan et j'ai parlé à cet abruti de Corbeau. Il m'a demandé si les lemmings savaient nager, et je n'ai pas su quoi répondre. Et ça m'a énervé.
– Ah oui ? dit Arnold nonchalamment.
– Oui, dit Bubber. Et en fait, si vous

voulez savoir la vérité, je ne crois pas que nous sachions nager. Moi en tout cas.

Arnold fixa le lointain un long moment, puis se tourna lentement vers Bubber.

– Comment *sais-tu* que tu ne sais pas nager ? demanda-t-il finalement.

Bubber réfléchit un instant.

– Je ne sais pas comment je sais. Simplement, je ne l'ai jamais fait. Je n'ai jamais vu un lemming nager. Je n'ai jamais entendu qui que ce soit parler de natation.

– Alors, qu'est-ce que ça prouve ? demanda Arnold d'un air supérieur.

– Comment ça, qu'est-ce que ça prouve ?

– Qu'est-ce que ça prouve ? Qu'est-ce que ça prouve ? répéta Arnold d'un ton un peu hargneux. Tu n'as jamais vu un lemming nager ! Peut-être qu'aucun d'eux n'en a jamais éprouvé l'envie avant.

– Alors, comment se fait-il qu'on l'éprouve aujourd'hui ? demanda Bubber.

– Peut-être que l'envie nous prend maintenant, dit Arnold marquant aisément un point.
– Ainsi, vous pensez que nous savons nager ? demanda Bubber, plein d'espoir.
– Je n'ai pas dit ça.
– Vous avez dit que peut-être l'envie nous en prenait maintenant.
– Peut-être bien que oui, peut-être bien que non.

Bubber hocha la tête.
– Je n'ai jamais vu la chose sous cet angle-là, dit-il.
– La seule chose que je sache est celle-ci : pourquoi diable qui que ce soit sauterait-il dans l'Océan s'il ne savait pas nager ? dit Arnold avec autorité : Et une autre chose aussi, on ne doit pas traverser un pont avant d'y arriver.
– C'est ma foi vrai, dit Bubber. Mais je peux rétorquer : regardez où vous mettez les pieds.
– C'est vrai aussi, dit Arnold.
Ses yeux se voilèrent dans son effort pour finir la discussion. Il tapota le bras

de Bubber, se pencha et, d'un ton de conspirateur, déclara :

– Écoute, fiston, j'en sais fichtre rien.

Il cracha à une énorme distance et le sujet fut clos.

Les sentiments de Bubber pour Arnold se mitigèrent. Il regarda longtemps et fixement son ami, et un soupçon s'insinua dans son esprit. Arnold s'avérait être un idiot, et l'aisance nonchalante qu'il avait admirée n'était rien d'autre que de la veulerie. A sa grande surprise, Bubber se sentit libéré au lieu de se sentir coupable.

Il se leva et s'étira.

– A un de ces jours, Arnold !

– Un de ces jours...

Chapitre 3

Bubber courut chez Oncle Claude. Il trouva en y arrivant la même confusion que chez lui. Ses cousins Floyd et Marco se battaient pour un œuf, sa tante Mattie pleurait silencieusement, et Oncle Claude faisait un sermon qui consistait à dire que le temps de l'union et de l'altruisme était venu. Lorsque Bubber transmit l'invitation, ils semblèrent tous soulagés à l'idée d'avoir quelque chose à faire, et se mirent immédiatement en route avec Bubber.

– Tu vas bien ? demanda Oncle Claude à

Bubber en chemin. (Il tapa sur le dos de son neveu.) Tu n'as pas l'air très frais.

– Je ne sais pas au juste comment je me sens, pour te dire la vérité.

– Eh bien, tu ferais mieux de te reprendre, conseilla Oncle Claude. Ce n'est pas le moment de s'écouter.

– Ben, c'est ça le problème, dit Bubber qui essayait de suivre l'allure rapide de son oncle. Je ne suis pas sûr de ce qui se passe.

– Comment ça ?

– Je ne sais pas ce qui se passe aujourd'hui, dit Bubber.

– Nous allons vers l'Ouest, idiot, s'écria Cousin Floyd. Tu ne sais pas que nous allons vers l'Ouest ?

– Attention à ce que tu dis, dit sévèrement Claude à son fils.

Bubber s'arrêta court et se tourna vers le groupe.

– Qu'est-ce que c'est, ce truc de l'Ouest ? En fait, nous allons sauter dans l'Océan. Les Falaises du Maure sont abruptes jusqu'en bas, il n'y a pas de plage du tout, nous ne savons pas nager, alors qu'est-ce qui se passe ?

Oncle Claude s'arrêta net, fit faire à Bubber une brusque volte-face, et le regarda sévèrement :

– Tu ferais mieux de reprendre tes esprits, Bubber, dit Marco.

– C'est moi qui parle ici, gronda Claude en se tournant vers son fils.

– Désolé, dit Marco, comprenant qu'il valait mieux céder.

– Allez devant, ordonna Claude à sa famille. Bubber et moi avons à parler d'homme à homme. Nous vous rattraperons.

Il regarda sa famille partir en maugréant.

Lorsque tout le monde se fut éloigné, Claude désigna le sol.

– Assieds-toi, fiston.

Bubber s'assit. Claude s'accroupit lentement sur son arrière-train.

– Ce sont de grands événements qui ont lieu aujourd'hui, fiston. Des événements authentiques. Alors ne fais pas de difficultés. Ça risque seulement de gâter les choses pour tout le monde.

– Je crois que je deviens fou, dit Bubber.

– Ridicule, dit Oncle Claude. Tu poses seulement des tas de questions idiotes. Laisse-toi aller.

– Je ne sais pas ce qui se passe, dit Bubber.

Il empoigna son oncle avec ses deux pattes et ne le lâcha pas.

Claude se dégagea.

– Bas les pattes ! fit-il, irrité. Ça n'avancera à rien. C'est de la folie.

– Je suis désolé, dit Bubber, essayant de se maîtriser. Je ne sais pas ce qui se passe.

– Calme-toi seulement, et je te remettrai sur les rails. Reprends-toi énergiquement !

– Je vais essayer, dit Bubber en s'accroupissant, tendu.

– Bon, dit Claude en rassemblant ses idées, voici la situation. Nous sommes des lemmings. Nous sommes des mammifères, et nous sommes des animaux.

Disons la vérité. Comme tous les animaux, nous avons des points faibles. Des animaux différents ont des dispositions particulières différentes. Celui-ci fait telle chose étrange, celui-là fait telle autre chose, etc., et ainsi de suite. En un mot, toute l'affaire se résume au fait que les lemmings se rassemblent de temps en temps et sautent dans la Grande Bleue. C'est notre petite particularité. Tu me suis ?

Il observa une pause, attendant un signe quelconque de Bubber, qui resta coi.

Oncle Claude continua :

– Le problème, dans ce genre de questions, est qu'on ne peut pas en faire une affaire personnelle. Nous agissons de la sorte, nous sommes ainsi, et c'est tout. Si on commence à se faire de la bile pour ça, on ne fait que jouer les rabat-joie pour tout le monde. N'en fais pas tout un plat !

– Est-ce que les lemmings savent nager ? lança Bubber.

– Bonne question, dit Claude. En fait,

nul ne sait si nous savons nager ou non. Mais nous espérons que oui. Après tout, nous sommes environ quatre millions. Je ne pense pas que nous sauterions tous dans la Grande Bleue si nous ne savions pas nager.

Il attendit de nouveau un signe de Bubber. Rien ne vint.

– De toute façon, poursuivit-il, selon moi, le saut n'est que le premier pas.

– Quel est le second ? demanda Bubber sans trop d'espoir.

– L'Ouest ! dit Oncle Claude avec un geste de tragédien, en pointant dans la mauvaise direction. Le second pas, c'est l'Ouest !

– Quand se fera-t-il ? demanda Bubber.

– Quand se fera quoi ? demanda Claude, tellement pris par son envolée d'éloquence qu'il en avait oublié de quoi il parlait.

– Ce saut. Cette affaire, répéta Bubber.

– Cet après-midi.

– A quelle heure ?

– Personne ne sait l'heure exacte.

– Alors, comment saurons-nous le

moment auquel nous sommes censés le faire ?
– Personne ne sait cela non plus. Il est seulement admis que la chose deviendra évidente à un moment donné, et ce sera l'heure du saut, dit Claude.

Il poussa un profond soupir et frappa le sol du pied, attendant que Bubber se reprenne. Au bout d'un moment, celui-ci se leva et s'achemina lentement vers la maison de ses parents. Oncle Claude suivit.

La plaine était toujours déserte. Un lemming solitaire jaillit d'un terrier, courut une courte distance, et disparut dans un autre trou. Cette silhouette ne fit qu'intensifier l'étrange désolation de la plaine ce jour-là. Cela fit froid dans le dos de Bubber qui frissonna.
– Il n'y a personne, dit-il.
– Mmm, dit Oncle Claude.
– Ça ne te semble pas bizarre ? demanda Bubber.

Claude s'arrêta et, pour la première

fois, remarqua que la plaine était en effet déserte.

– Je savais bien qu'il y avait quelque chose de curieux, dit-il.

– N'est-ce pas bizarre ? demanda Bubber.

– Je ne sais pas, dit Claude. Il resta immobile, s'imprégnant de ce silence inhabituel. En fait c'est assez plaisant, ajouta-t-il, paisible.

Bubber scruta le visage de son oncle pour y déceler une quelconque faille, un soupçon d'humour, une trace d'anxiété, quelque chose, mais son visage n'offrait qu'un masque.

– Savons-nous nager ? demanda-t-il faiblement. Avons-nous jamais su nager ? C'est ça, la blague ?

– Il n'y a pas de blague, fiston. Pas de blague du tout.

Il regarda longtemps son neveu, avec insistance, et sentit monter en lui une grande pitié pour ce parent raté. Il se souvint du temps où lui-même avait posé des questions. Comme chez tous ceux de son espèce, la curiosité lui était passée en vieillissant, pour finalement se transformer en une acceptation désenchantée de lui-même et de la condition des siens. Cela ne l'avait pas exactement empli de paix ou de joie, mais il y avait d'autres choses dans la vie. Un sentiment de solidarité avec sa race, une croyance tenace en l'avenir, et un semblant d'ordre. Voyant la confusion de Bubber, sa panique et son isolement, il était sûr à présent que son chemin à lui était le bon.

Bubber soutint le regard de son oncle, et ce qu'il y vit était quelque chose de vieux, perdu, usé : plus guère un parent ni qui que ce fût avec qui communiquer. Il fit demi-tour et s'éloigna en courant.

Chapitre 4

Bubber grimpait à toute vitesse la Colline au Milan en appelant Corbeau à tue-tête, criant encore et encore à l'intention du gros oiseau. En arrivant au sommet, Bubber le trouva désert, hormis un geai tout proche qui, entendant les cris de Bubber, partit à tire-d'aile et se mit à voler en rond autour de la colline en dessinant des cercles de plus en plus larges. Il ne mit pas longtemps à localiser Corbeau qu'il ramena à la Colline au Milan, où Bubber appelait toujours son ami.

– Qu'y a-t-il ? demanda Corbeau d'une voix aiguë, en battant frénétiquement des ailes, gagné par l'hystérie de Bubber.

– Emmène-moi à l'étang ! exigea Bubber.

– Monte ! dit Corbeau en baissant la tête le plus possible pour permettre à Bubber de grimper.

Corbeau s'éleva sans effort haut dans le ciel, suivi de près par le geai curieux.

C'était le premier vol de Bubber, et il en fut terrifié. Terrifié par les ailes battantes de Corbeau, les courants d'air rapides sifflant à ses oreilles et, le pire de tout, le moment où il eut le courage d'ouvrir les yeux et où il mesura cette éternité s'étendant entre lui et la douce terre.

Ils arrivèrent en quelques minutes à l'étang.

– Le voilà, en dessous, dit Corbeau en criant par-dessus son épaule.

Bubber ouvrit prudemment un œil, et regarda la petite étendue d'eau, en bas. « Rien d'effrayant », pensa-t-il, en se

cramponnant à tout ce qu'il savait.

Corbeau atterrit en décrivant un arc plongeant, et Bubber mit pied à terre en tremblant. Il se trouvait devant la première étendue d'eau qu'il eût jamais vue. C'était un étang alimenté par un petit ruisseau. Il brillait comme du verre noir, immobile. Bubber s'assit lentement et regarda l'eau fixement et longtemps.

– C'est l'étang, dit Corbeau.

Il replia ses ailes derrière lui et resta silencieux, attendant que Bubber fasse ce qu'il avait à faire. Corbeau mourait d'envie de parler, d'analyser l'état émotionnel de Bubber, de rendre service, mais il s'en abstint soigneusement pour ne pas répéter la bévue de la matinée. Le geai s'en alla poliment, et se posta sur un ressaut, à cinquante mètres de là.

Bubber respira profondément, et s'avança à petits pas. Il renifla en arrivant au bord, essayant de percevoir l'identité de l'eau, mais rien de ce qui la concernait ne lui semblait familier. Rien en lui n'exigeait une exploration plus approfondie.

Corbeau s'éclaircit la gorge, et dit calmement :

– Si je peux faire quoi que ce soit, tu n'as qu'à me le dire. Je suis juste à côté.

Corbeau s'écarta et fit semblant de sommeiller afin de respecter l'intimité de son ami.

– Tu ferais mieux de ne pas t'éloigner, dit Bubber.

– Comme tu voudras, dit Corbeau en se rapprochant.

Bubber se tenait face contre le sable, accroché à une pierre. Il étira ensuite son corps jusqu'à l'extrême limite et, lentement, immergea un orteil. Il l'y laissa une minute puis, toujours très lentement, plongea tout le pied. Puis il répéta l'opération avec l'autre pied. Ensuite, avec beaucoup de précautions, il se mit debout. Il se retourna doucement, et avança encore plus doucement jusqu'à avoir de l'eau jusqu'aux chevilles. Il attendit que le choc de la première sen-

sation de froid passe avant d'analyser ses sentiments. La sensation diminua peu à peu, mais le malaise de Bubber demeura.
– Terminé, dit-il. Je n'irai pas plus loin.

– J'attendrais un peu plus longtemps à ta place, dit Corbeau doucement. Il faut que tu essayes.
– Non, ça suffit. C'est ma limite, dit Bubber, vérifiant tous ses réflexes.
– Il vaut mieux être sûr, dit Corbeau calmement.
– Je suis sûr, dit Bubber. Je n'ai rien à voir avec tout ceci. Ce n'est pas moi.
– C'est une nouvelle expérience, dit Corbeau. Ça prend toujours du temps. Pense à autre chose.
– Quoi par exemple ? demanda Bubber.
– Ben, je ne sais pas, moi. Pense aux nuages, au trèfle, à n'importe quoi.

Bubber essaya de fixer son esprit sur autre chose, mais il eut beau essayer, son attention restait rivée au froid humide de ses pieds.

– Ça ne marche pas, dit-il. Je suis paralysé, là-dedans.
– Tu veux que je te pousse ? demanda Corbeau.
– Je ne crois pas, dit Bubber, qui se tenait accroupi.
– Je pourrais te lâcher au milieu de l'étang, dit Corbeau avec enthousiasme.
– Je ne pense pas.
– Si tu ne refais pas surface, je plongerai pour aller te repêcher, assura Corbeau.
– Merci quand même, dit Bubber.
– Ça calmerait ton esprit si tu pouvais mobiliser ton courage.
– Je pense que je sais ce que je voulais savoir. Pourrais-tu me ramener au bord ? J'ai l'impression d'être incapable de bouger.

Corbeau battit des ailes vers Bubber, le prit par la peau du cou et le ramena au bord de l'étang par la voie des airs. Bubber sortit lentement de son engourdissement. Il sourit à Corbeau.
– Eh bien, je crois que ça résout le

problème. Nous ne savons pas nager, dit-il. Autant pour l'Ouest.

– Que veux-tu faire maintenant ? demanda Corbeau.

– Je ne sais pas.

– Tu veux rentrer, rester ici, ou quoi ?

– Ça m'est égal.

– Enfin, je ne peux pas te laisser là ! territoire inconnu ! s'écria Corbeau. Ce sera pire ici que sur la plaine. Si j'étais toi, je reviendrais au moins sur mon propre terrain.

– Comme tu voudras, répliqua Bubber.

Son sentiment funeste était à présent si total que même sa peur de voler l'avait quitté.

Corbeau baissa la tête et Bubber grimpa. La route du retour fut beaucoup plus facile pour lui. Il commença même d'apprécier cette sensation de vol, imaginant un instant qu'il fusionnait avec Corbeau — qu'il faisait partie de cette créature libre, noire, planante — et cette pensée le rendit heureux. « Ce serait bien d'avoir des ailes », songea Bubber. Il contempla le paysage changeant qui défilait sous lui et se demanda comment, dans cette perfection, cette paix verte et libre, il pouvait exister des choses telles que la faim, l'assassinat, la maladie, les lemmings.

Lorsqu'ils atteignirent le terrain familier, Bubber recommença de se sentir mal à l'aise.

– Pose-moi ici, cria-t-il à Corbeau, ne se sentant pas encore prêt à affronter sa famille.

Ils se trouvaient dans un endroit juste à l'ouest de la Colline au Milan. Un endroit fait d'éboulis de cailloux, un endroit dépourvu de végétation et déserté par les lemmings. Mais Bubber voulait rester seul un moment. Corbeau décrivit un cercle descendant et atterrit sur une dalle de granite. Bubber mit pied à terre.

– Merci Corbeau, dit-il simplement.

Sans un mot, Corbeau tendit une aile, mais Bubber préféra l'embrasser. Ils se tinrent ainsi un bref instant, puis se regardèrent.

– Eh bien... dit Corbeau pour tenter de résumer la situation.

Mais, pour une fois, le silence facilita les choses. Il effleura brièvement le visage de Bubber et s'envola.

Bubber le suivit des yeux jusqu'à ce qu'il fût hors de vue.

Chapitre 5

Le soleil cognait lourdement sur les pierres, asséchant l'air et faisant scintiller toute chose. Il faisait désagréablement chaud pour Bubber, mais cela détournait son esprit du désarroi éprouvé le matin. L'éclat du soleil permettait difficilement de voir, mais c'était aussi bien. Bubber soupira, s'assit, et s'appuya sur ses coudes, ne désirant nullement rentrer chez lui, ni quoi que ce soit d'autre d'ailleurs. La chaleur le plaquait au sol, essayait de le pousser à travers les pierres, et Bubber souhaita que cela lui arrivât.

Au bout d'un temps, il commença à percevoir un bruit de pioche. Il provenait d'une excavation profonde, située sur l'un des côtés de la dalle sur laquelle il se trouvait. Il se leva pour voir ce que c'était. Il vit au fond du trou un vieux lemming, qui parlait tout seul sans discontinuer. L'ombre de Bubber se profilant sur la paroi du trou fit lever les yeux du vieux lemming.

– J'adore les pierres, dit-il joyeusement. Je ne m'en rassasie pas. J'adore les toucher. La *texture !* Je suis fou de texture. J'adore la façon dont les pierres se stratifient, les veines de couleur qui courent à l'intérieur. Un point tendre inattendu, un éclat métallique soudain. Qu'en penses-tu ? demanda-t-il gaiement, tout en sueur.
– C'est joli, dit Bubber.

– Je me fiche éperdument de ce qui est soi-disant précieux, reprit le vieux lemming. Le moindre petit morceau est précieux pour moi. Le moindre éclat. J'y vois une expérience enrichissante, purement et simplement.

Le vieux lemming sortit de son trou et chercha un endroit à l'ombre.

– Le soleil, dit-il, en le montrant du doigt. Faut que je fasse une pause. Il peut vous taper sur le ciboulot et on se met à parler comme un idiot. (Il s'essuya le visage avec un vieux chiffon, et scruta Bubber.) De toute façon, que fais-tu ici ? demanda-t-il. J'ai jamais vu un autre lemming dans le coin. Je ne vois jamais personne dans le coin, excepté les serpents. Je n'ai aucun respect pour eux. Ce sont vraiment des créatures répugnantes, et je parle objectivement ! Ils sont atroces. Mais je vais être franc avec toi. Je préfère un serpent à un lemming, et c'est un lemming qui te parle. Que penses-tu de ça ?

– En gros, je pense que je suis d'accord avec vous, dit Bubber en souriant malgré lui au vieux bonhomme.

– Foutaise, lança le vieux lemming, tu es trop jeune pour être désabusé. Tu confonds encore l'envers et l'endroit. Tu as encore du lait au coin des lèvres.

– Je connais une chose ou deux, dit Bubber.

– Tu ne connais pas les lemmings, poursuivit le vieux bonhomme. Je peux t'en dire tant et plus sur les lemmings. L'univers abonde en structures. Structures, structures. Où que tu tournes les yeux. Ici, dans la pierre. Les étoiles dans le ciel. Jette un regard sur une colonie de fourmis, sur un flocon de neige. Organisés et magnifiques. Clairs et simples dans leur objet. Mais il n'y a pas de structure chez les lemmings. Pas de structure perceptible, de quelque forme, manière ou nature que ce soit. Que penses-tu de ça ?

– Eh bien, à dire vrai, répondit Bubber, gagné par l'animation du vieux lemming, je pense que je ressens la même chose. J'ai toujours cru que c'était moi. Qu'il y avait quelque chose qui n'allait pas chez moi, mais je commence à croire que c'est chez les lemmings.

– Tu as compris. Les lemmings sont des

créatures versatiles. Ils font n'importe quoi.
– C'est exactement ce que je pense, dit Bubber.
– Ils sont versatiles, répéta le vieux sage. Comme des poulets. Les poulets, eux aussi, sont versatiles.
– J'ai souvent eu ce sentiment, dit Bubber.
– L'univers est quelque chose de merveilleux, reprit le vieux bonhomme. L'ensemble est parfait, à l'exception toutefois des poulets et des lemmings.
– Que pensez-vous de cette histoire de saut ? lâcha Bubber, pensant que cet être singulier pourrait l'aider.

– Tu veux dire la grande marche sur l'eau ? demanda l'autre d'un ton méprisant.
– Oui, dit Bubber.
– C'est de l'eau à sots !
– Je ne saisis pas, dit Bubber.
– Je veux dire des seaux de sots !
– Des sauts de quoi ? demanda Bubber.
– Coucou canigou, dit le vieux lemming.

Il n'y aura pas de saut.
– Comment le savez-vous ? demanda Bubber.
– Je connais mes lemmings. Voilà comment je sais. Quel est ton point de vue ?
– Je pense que ça va se produire, répondit Bubber.
– Sur quoi tu t'appuies pour l'affirmer ?
– Je le sens.
– Ça ne suffit pas, dit le vieux lemming.
– On me l'a dit, reprit Bubber. Mon père. Ma mère. Mon oncle. Tout le monde est au courant. Vous devriez voir ce qui se passe en bas. Ils deviennent tous fous.

– Tu as déjà vu un lemming agir de façon sensée ?
– Non, pas vraiment, dit Bubber.
– Alors, qu'y a-t-il de si particulier cette fois ? demanda le vieux lemming.
– Je ne sais pas, dit Bubber, pris de court par la question. Il y a une telle *conviction* en eux. Ils sont tous tellement convaincus. Tellement fanatiques.
– Toute la bande ? demanda le vieux lemming, imperturbable.

– Oui, dit Bubber.
– Et si ton père était le seul à parler du saut ? Tu le croirais ?
– Je ne pense pas, dit Bubber.
– Ou ta mère. S'il n'y avait qu'elle ?
– Je ne crois pas, dit Bubber.
– Et si c'était eux deux et un autre couple seulement ?
– Je suppose que j'aurais un doute, dit Bubber.
– En d'autres termes, plus tu entends de lemmings parler de quelque chose, plus ça te paraît vrai ?
– Je le pense, dit Bubber.
– Et si je te disais de manger des cailloux ? Tu le ferais ?
– Bien sûr que non !
– Et si ta mère et ton père et moi et quatre autres lemmings te disaient de manger des cailloux ?
– Je ne le ferais pas.
– Pourquoi pas ?
– Ils sont indigestes.
– Comment le sais-tu ?

Bubber commençait à s'irriter :

– Il n'y a qu'à les regarder.

Le vieux lemming ramassa un caillou et le regarda.

– Qu'est-ce qu'il a ? demanda-t-il. Il m'a l'air très appétissant.

– D'abord, c'est trop gros, dit Bubber.

– Je peux le couper, si tu veux, dit le vieux lemming. Quand as-tu vu trois lemmings tomber d'accord sur quoi que ce soit ? Tu as déjà assisté à une discussion de groupe ? C'est le chaos. Le chaos ! Tu ne pourrais pas obtenir un accord sur l'heure du déjeuner, ne parlons pas de suicide collectif !

– Écoutez, ne vous en prenez pas à moi, dit Bubber. C'était dans l'air, aussi loin que je me souvienne. Tout le monde y pensait inconsciemment depuis des générations. Le père de mon père lui en avait parlé. Qu'est-ce que je suis censé penser ?

– J'en sais rien, et je m'en fiche, dit le vieux lemming. Ce dont je suis sûr, c'est que si j'ai envie de me suicider, je le ferai quand ça me plaira, et pas quand quelqu'un donnera un coup de sifflet. Personne n'a à me dire ce que je dois faire, ni quand je dois le faire.

– Tout le monde n'est pas aussi fort que vous, dit Bubber.

– Je ne suis pas né ainsi, reprit le vieux lemming. J'ai dû me l'enfoncer dans le crâne. Ça a pris des années de travail assidu. Et pas question de se relâcher une minute. On se surprend souvent à somnoler, sur ce travail.

Ses yeux se firent soudain plus tendres, et il se rassit. Il baissa les yeux sur ses pattes, les frotta l'une contre l'autre, et recommença de parler, cette fois presque en s'excusant.

– Écoute, nous sommes tous un peu fous, avouons-le. Mais il n'est pas bon de se complaire dans sa folie. Nous ne pouvons pas rester là et accepter la chose. Nous devons vivre dans l'espoir que la race se stabilisera. Nous devons nous mettre dans la forge et en sortir durs comme fer, de sorte que lorsque les derniers fous mourront, nous soyons là pour relever l'espèce. C'est à cela que toi et moi devons travailler.

Le vieux lemming s'adossa à la paroi, épuisé par l'énergie qu'il avait consommée. Bubber resta immobile.

– Tu vois ce que je veux dire ? demanda le vieux lemming.

– Je pense, dit Bubber.

– Je parle trop, dit le vieux bonhomme. Les lemmings parlent trop.

Ils restèrent tous deux assis en silence un moment, unis par un lien que ni l'un ni l'autre ne comprenaient.

– Je crois que je vais rentrer à la maison, dit finalement Bubber.

– Prends soin de toi, dit le vieux lemming, déjà reparti dans un monde à lui.

Tandis que Bubber s'éloignait, le vieux lemming sauta sur ses pattes et cria :

– Passe, passe passera, le ciel tombera ! Le ciel tombera !

Puis il se mit à sauter sur place en poussant des cocoricos. Bubber se retourna et sourit. Ensuite, il rentra chez lui.

Chapitre 6

Il s'apprêtait à entrer dans son terrier lorsqu'il fut poussé de côté par son père qui, ne tenant nul compte de son fils, se posta à l'ouest, et resta immobile comme une statue. De l'endroit où il était tombé, Bubber, choqué, regarda son père, car une convention tacite parmi les lemmings donnait, pour des raisons de survie, la priorité aux entrants sur les sortants. Son père n'avait pas respecté le code.

Bubber fut sur le point de dire quelque chose à ce sujet lorsque sa mère émergea du trou. Comme en transe, elle sortit et prit position près de son compagnon, face à l'ouest, elle aussi.

Troublé par leur comportement, Bubber s'apprêta à parler quand il remarqua que partout sur la plaine, en grandes vagues, le même phénomène se produisait. Une tête émergeait, deux têtes, puis d'un même mouvement rigide, les lemmings se postaient face à l'ouest. Quelques secondes passaient et de nouvelles têtes émergeaient, répétant le même schéma. Le temps s'arrêta pour Bubber. Il n'était conscient que de cette lente vague grossissante de lemmings. La plaine se bosselait, se pommelait de lemmings immobiles, tournés vers l'ouest : les zones vertes passèrent lentement au mauve, puis au fauve, puis au brun et gris, et bientôt la plaine entière ne fut plus qu'une vaste armée de lemmings, tous muets, immobiles, face à l'ouest.

Bubber regardait, horrifié. Il n'y avait rien de familier dans ces animaux. Ils écoutaient une voix que Bubber ne pou-

vait entendre. La même intensité précise se lisait sur tous les visages. Les yeux mi-clos, le cou allongé, le corps penché en avant, comme luttant contre le vent.

Le dernier lemming sortit de son terrier. Les enfants étaient là, les vieux, les malades ; et pour la première fois dans leur courte histoire, ils formaient une unité, tendus vers le même but. Ils restèrent là un long moment, si figés qu'on aurait dit des pierres scellées dans la terre, puis, à quelque signal inconnu, ils s'ébranlèrent comme un seul corps.

Lentement, très lentement, les lemmings commencèrent leur voyage vers les Falaises du Maure. A mesure que la marche s'affirmait, l'allure s'accélérait. Les plus jeunes passèrent devant, les plus âgés à l'arrière, et cependant, malgré la variété de pas et d'allure, ils restèrent un même organisme. Mû par une même pensée.

Craignant l'inconnu qui les attendait mais craignant encore plus de se retrouver isolé, Bubber se jeta dans la foule.

C'était une défaite, Bubber le savait, mais une défaite mêlée à un grand soulagement. Finies les décisions. Fini le souci de l'avenir, finie la crainte de conflit avec sa propre race.

Il fit tant et si bien qu'il rattrapa très vite son père. Bubber lui sourit comme pour dire : « Regarde, je t'ai rejoint. Nous sommes ensemble maintenant. » Mais les yeux de son père étaient devenus comme des poids morts dans son visage. Il ne reconnut pas son fils. Bubber marcha avec son père, trotta à côté de lui, et lorsque le trot se fit course, il courut avec lui.

Le seul bruit audible à présent provenait d'un million de pattes minuscules. Et de courir, encore et encore. L'allure se stabilisa enfin, et ils coururent à l'unisson. Tous, jeunes et vieux, forts ou faibles, couraient comme jamais de leur vie. Les yeux, d'abord mi-clos, étaient devenus vitreux, fixés sur un horizon invisible. La respiration de tous se manifestait par de longs halètements, à mesure que les poumons s'emballaient, exigeant davantage d'oxygène.

Pour la première fois de sa vie Bubber se sentit proche de son espèce. Il courait, courait, peinant et suffoquant, calquant son allure sur celle de son père, le rythme de ses pattes s'adaptant à celui d'un million d'autres individus. A gauche, très loin, il vit sa sœur et l'appela en hurlant, mais elle ne l'entendit pas. Il ne vit sa mère nulle part.

Dans le lointain, dominant le martèlement de millions de pattes, le soupir doux et grave de l'Océan se manifesta, appelant insidieusement la minuscule armée, la berçant agréablement de son murmure qui parlait de secrets anciens et d'accomplissement dont rêvait fébrilement chaque lemming.

Un long soupir courut dans les rangs des lemmings, et, les oreilles emplies par la rumeur de leur but, ils firent appel à une nouvelle énergie. Les rangs se modifièrent ; les plus désespérés se placèrent à l'avant et se firent les meneurs, poussant à bout poumons et muscles, pour tenter de s'accomplir et d'aller à la rencontre de leur destin.

Bubber faisait un avec les siens. Sa respiration était maintenant comme un sifflement, si régulière que son rythme l'éperonnait comme le roulement d'un tambour. Il n'avait conscience que de cela. Tandis qu'il grimpait l'énorme amas de rochers, il passa devant le vieux lemming, mais l'un et l'autre étaient au-delà de toute reconnaissance.

Le vieux lemming avait bien tenté d'endiguer cette marée en se postant face à la multitude, agitant les bras, injuriant, exigeant un retour à la raison, mais, au-delà de tout entendement, ils l'écrasèrent comme un insecte. A demi inconscient, le vieux lemming se dirigeait bon gré mal gré vers son destin, aidé par la multitude qui l'entraînait, le bousculait, le faisant rouler de-ci, de-là, rebondir ici et là tel un bouchon sur une autre sorte d'océan. Il allait faire le grand saut.

De la crête des rochers, les meneurs voyaient à présent l'Océan pour la première fois. Sa vaste étendue apparut d'un seul coup, et son appel soupirant, fébrile, devint rugissement. Cette infinité, cette beauté les aurait arrêtés, ne fût-ce qu'un instant, s'ils avaient eu toute leur raison mais, devenus des robots, rien ne pouvait les retenir.

Ils sautaient par-dessus la falaise et tombaient. Cascade brune et grise, coulant gracieusement en une longue vague lente, ayant abandonné toute animalité, toute intelligence. Un long torrent sombre se jetant doucement dans la mer.

Bubber atteignit l'à-pic et vit l'Océan. Quelque chose en lui s'arrêta comme si on l'avait frappé. Mais la horde derrière lui le poussait en avant. Il discerna les énormes rochers tout en bas, il vit des milliers de lemmings se déverser du haut des falaises, s'écraser sur l'enchevêtrement des rocs, rebondir, puis disparaître dans le gouffre de la mer.

Quelque chose de profond en Bubber cria et il fut pris de peur. En un instant tout ne fut qu'horreur autour de lui, et il hurla. Il tenta de résister, mais la vague de lemmings le poussait inexorablement. Il lutta pour se retourner. En vain. Il se tordit, griffa, mordit la masse des corps autour de lui, mais nul n'y prêta attention. On le poussait vers l'avant. Bubber sentait maintenant son épuisement. Ses yeux obstrués par la poussière, les poumons en feu, il essayait de toutes ses forces de lutter et de griffer pour s'écarter de l'abîme.

Culbuté cul par-dessus tête, piétiné, bousculé, malmené, hurlant sans cesse, il réussit à rester au bord. Une pierre céda. Il se glissa dans une petite crevasse entre deux rochers, pas assez profonde pour le cacher mais lui permettant de résister à la marée des lemmings. Il s'enfonça dans la crevasse et se mit les bras sur la tête pendant que la horde des lemmings continuait de courir, le piétinant ainsi que tout ce qu'elle rencontrait. Bubber résista pendant une éternité, pleurant de douleur et d'épuisement. Il s'accrocha durant la première vague. Il s'accrocha durant la seconde vague, plus faible. Il s'accrocha pendant que les traînards et les estropiés se poussaient avec peine dans l'abîme. Tout à leur extase. Il s'accrocha encore dans le silence qui suivit. Il s'accrochait encore lorsque le sommeil vint, lui apportant l'oubli.

Le lendemain matin, le soleil se leva lentement, hésitant, comme honteux d'être témoin de ce qui avait eu lieu. Ses rayons se glissèrent furtivement sur la plaine déserte, en quête de vie. Il coula lentement sur la face rocheuse des falaises en promenant ses doigts pour fouiller les fentes et les crevasses, découvrit Bubber, le réchauffa, le ramena à la vie. Il le réconforta et le nourrit. Il lui parla, le caressa, et en milieu de matinée, Bubber put se redresser.

Avec précaution, douloureusement, il se leva et s'éloigna des falaises. Il

contempla la scène et sentit des choses s'arracher de lui. Le vidant. Il était à bout de souffle et légèrement flottant. Il entreprit de traverser la grande plaine où il avait vécu toute sa vie avec tous les lemmings. Il ne restait plus qu'une étendue de terrain, vide et piétinée. De la poussière et des brins d'herbe voletaient dans le vent, témoignant de l'intense activité. Un cimetière. Un lieu mort. Bubber contempla silencieusement la poussière qui s'élevait, la scène de carnage de ce qui avait représenté toute sa vie, la vie de tous les lemmings. Il ne ressentit aucune émotion. Elle avait été brûlée en lui.

C'est alors qu'une petite tête émergea du sol. Un bébé lemming, hébété et ahuri, inspectait le monde. Un peu plus loin surgit une autre tête, puis une autre. Bientôt cinq jeunes lemmings eurent émergé de leur terrier. Ils se rapprochèrent les uns des autres et se mirent à renifler partout, essayant de déterminer ce qui s'était passé.

« C'est ça, l'avenir, pensa Bubber. C'est comme ça que nous avons survécu. Ces quelques individus reconstruiront toute la civilisation, et tout recommencera dans quelques générations. »

Bubber respira profondément et se mit à marcher. Il dépassa les jeunes lemmings qui étaient déjà en quête de graines et nettoyaient leur terrier.

– Vous avez vu ? cria l'un d'eux.

– J'ai vu, dit Bubber.

– Je crois qu'on a tout loupé, dit un autre en riant.

– Je suis resté éveillé vaille que vaille, puis pendant tout le truc, je me suis endormi ! ajouta un troisième.

Ils avaient dormi tout le temps qui faisait de leur espèce une espèce unique, mais ils allaient en parler leur vie entière. Leurs enfants en parleraient et, en temps voulu, ils languiraient après ce moment.

Bubber continua de marcher, dépassa les jeunes lemmings, et se dirigea vers

l'Est, à l'intérieur des terres, loin de la mer.

– Où allez-vous ? cria l'un des jeunes.

– Je ne sais pas, dit Bubber.

– Vous ne pouvez pas nous aider ? Il y a énormément à faire, dit un autre.

– Non, dit Bubber.

Il poursuivit son chemin.

– Vous *devez* aider ! cria un autre. Nous devons tous nous aider les uns les autres !

– Aidez-*vous* les uns les autres, dit Bubber. Je ne suis pas des vôtres !

– Si, vous l'êtes ! crièrent-ils. Vous êtes un *lemming*. Vous êtes des nôtres !

– Plus maintenant, dit Bubber, je ne suis plus un lemming.

– Qu'est-ce que vous êtes, alors ?

– Je vous le ferai savoir dès que je le saurai moi-même, dit Bubber.

Il bifurqua franchement vers l'Est et se mit en route.

Castor Poche, des livres pour toutes les envies de lire : pour ceux qui aiment les histoires d'hier et d'aujourd'hui, ici, mais aussi dans d'autres pays, voici une sélection de romans.

897 **Lumina**
Les guerriers de la foudre **Dès 10/11 ans**

par Dan Alpac

En route vers la Province des Nuages, la Princesse Lumina et ses compagnons apprennent l'existence d'un terrifiant manoir entouré par la foudre. Un sorcier y réaliserait d'étranges expériences sur des humains... Ninyo, l'écuyer de Lumina, découvre que ce manoir détient le secret de sa propre naissance. Il doit s'y rendre à tout prix...

894 **Maître Wen**
Drôles de rencontres **Dès 10/11 ans**

par Michel Laporte

Maître Wen, son jeune élève Liao et leur petit singe Shen secourent deux femmes en faisant fuir leurs agresseurs. Mais Madame Lo et Lune d'Automne ont une drôle de réaction, c'est à peine si elles les remercient ! Et les voyageurs ne sont pas au bout de leurs surprises. Une enquête inattendue les attend…

893 **Maître Wen**
L'énigme du fleuve **Dès 10/11 ans**

par Michel Laporte

En route vers la montagne, maître Wen et son jeune élève Liao passent la nuit près d'un fleuve. Une mystérieuse apparition les réveille : une Dame Blanche entourée de démons s'agite autour d'un feu. Et cela n'est pas la première fois, leur affirment des villageois terrorrisés ! Maître Wen et Liao, eux, sont bien décidés à ne pas se laisser impressionner...

890 Atalante
la quête de la toison d'or **Dès 10/11 ans**
par Anne-Sophie Silvestre
Atalante passe ses journées entières avec Jason. Ensemble, ils s'entraînent à l'arc et au javelot, et s'amusent comme deux enfants. Mais Jason doit affronter son destin et reconquérir le trône qui lui revient. Pour cela, il lui faut aller cherhcer la Toison d'or, et traverser la terrible région des détroits. Atalante suit Jason dans cette difficile quête..

889 Atalante
la fille de la déesse **Dès 10/11 ans**
par Anne-Sophie Silvestre
Fille unique du roi Chonée, Atalante est confiée à sa naissance à la déesse Artémis. Élevée par les nymphes, compagnes de la déesse, elle partage très tôt leur passion pour la chasse et la course. À treize ans Atalante tire à l'arc, lance le javelot et court mieux que toutes ses mères adoptives. Mais saura-t-elle rivaliser avec les hommes? Artémis décide de mettre à l'épreuve Atalante.

859 Lumina
Le vol du tigre **Dès 10/11 ans**
par Dan Alpac
Perdus dans les montagnes, Lumina et ses compagnons découvrent l'existence d'une dangereuse sorcière. Elle a des pouvoirs paralysants et, plus étonnant, elle est accompagnée d'un tigre ailé. Qui est cette femme qui ressemble s étrangement à la princesse? Lumina décide d'en savoir plus et se lance à sa recherche...

858 153 jours en hiver **Dès 10/11 ans**
par Xavier-Laurent Petit
Galshan doit passer l'hiver chez son grand-père, Baytar. Elle le connaît à peine, car il habite seul au coeur des steppes mongoles. Galshan n'est pas habitué à de telles conditions de vie. Mais le plus difficile à accepter, c'est le caractère de Baytar! La capture et le dressage d'un aigle vont rapprocher le grand-père et sa petite-fille. 153 jours pour s'apprivoiser...

857 Expédition Yéti **Dès 10/11 ans**
par Roland Smith
Un soir, Dyla et son père assistent à une mystérieuse réunion : un chasseur affirme avoir découvert les traces d'un yéti. Une expédition s'organise pour traquer l'animal mythique. Dylan la suit en secret pour sauver le yéti. Au même moment le volcan du Mont Saint-Helens se réveille...

855 Les naufragés de la cigale **Dès 10/11 ans**
par Daniel Vaxelaire
Décembre 1929, la Cigale vogue tranquillement vers l'île de la Réunion. À son bord, Pierre et ses deux frères découvrent une inquiétante cargaison d'essence. Une nuit, un incendie se déclare dns les cales. Le cargo devient alors une véritable poudrière. Un terrible compte à rebours commence...

854 La dernière migration **Dès 10/11 ans**
par Frison Roche
La grande migration annuelle est proche pour le peuple lapon. Mais sa liberté et ses traditions sont en danger depuis qu'un territoire limité lui est attribué. Ce grand voyage, où les différents clans se réunissent mais s'affrontent aussi, pourrait bien être le dernier.

837 Lumina:
la forteresse des ténèbres **Dès 10/11 ans**
par Dan Alpac
En délivrant les prisonniers d'une carrière volcanique, Lumina apprend l'éxistence d'une "ville noire" aux pouvoirs étranges. Quel mystère se cache derrière cette forteresse des ténèbres qui apparaît et disparaît au coucher du soleil? Serait-ce une nouvelle ruse de Rankor et Arcanie pour vaincre Lumina?

831 Les disparus de Rocheblanche **Dès 10/11 ans**
par Florence Reynaud
Au IXème siècle, les habitants de l'Aquitaine vivent dans la terreur des vikings, qui saccagent les villages et enlèvent les enfants... Eglantine et son petit frère sont ainsi vendus comme esclaves.

825 Temmi au Royaume de Glace **Dès 8/9 ans**
par Stephen Elboz
Les soldats de la Reine du Froid ont enlevé Cush, un ourson volant qui vit dans la forêt près de chez Temmi. Temmi les suit au Château des Glaces, où toute chaleur est proscrite. Mais des insoumis organisent une rébellion.

824 Les maîtres du jeu **Dès 10/11 ans**
par Roger Norman
Edward a douze ans. Il découvre chez son oncle un jeu de société qui renferme un mystérieux secret. Il se retrouve plongé dans un terrible engrenage, où le jeu et la réalité se rejoignent.

816 Pas de panique! **Dès 10/11 ans**
par David Hill
Rob adore les randonnées en haute montagne. Il est loin d'imaginer qu'il va falloir assurer pour six ! Car le guide de son groupe meurt brutalement... facile de dire “pas de panique” dans ces conditions.

800 La main du diable **Dès 10/11 ans**
par John Morressy
Béran veut être jongleur itinérant. Mais sur les routes du Moyen-Age, le diable rôde aussi : un jour, il lui propose de devenir le plus grand jongleur du monde... en échange de son âme!

797 Les gants disparus **Dès 10/11 ans**

par Marie-Claude Huc

Millau, capitale du gant, fin 1918. Irène, quatorze ans, jeune ouvrière douée de la ganterie Palliès, est fière de son travail... Mais un vol vient semer le trouble dans la petite ville…

793 Le dernier loup **Dès 10/11 ans**

par Roland Smith

Tawupu, le grand-père de Jack, est retourné sur la terre de ses ancêtres, dans le désert de l'Arizona. Jack part l'y retrouver. Là-bas, l'inquiétude monte : un loup rôde dans la région. Jack saura-t-il protéger l'animal alors qu'on organise sa mise à mort ?

763 Pleins gaz sur la planète Gloups **Dès 10/11 ans**

par Gail Gauthier

Gorgoll Le Grand, roi de la planète Gloups, organise une grosse bouffe planétaire avec les meilleurs cuisiniers de tout l'univers ! Il a kidnappé trois candidats qu'il ramène à bord de son vaisseau, un hamburger intergalactique, et leur ordonne de fabriquer onze mille repas dans la nuit… Les cuisines tournent à pleins gaz…

762 La nuit de la grande colère **Dès 10/11 ans**

par Roger Norman

Une nuit par siècle, les arbres s'animent, leurs racines sortent de terre, leurs feuilles parlent… C'est « la Nuit des Arbres ». Mais cette fois, les arbres sont en colère. Ils veulent se venger des humains qui les maltraitent et les méprisent. En cette « nuit de la grande colère », leur première victime sera Alan, un petit garçon de dix ans… La catastrophe peut-elle être encore évitée ?

761 Le Jardin des Automates **Dès 10/11 ans**
par Armando Boix
Inventeur génial, Jakob Shrade crée des êtres mécaniques prodigieusement réalistes.Ses figurines sont exposées dans un immense labyrinthe, le Jardin des Automates, et parfois vendues à de riches collectionneurs. Mais voici que les automates de Shrade disparaissent, comme doués de vie…

760 Les visiteurs débarquent! **Dès 10/11 ans**
par Dan Gutman
Les extraterrestres sont là ! Difficile de les reconnaître… Sauf pour Will et Robby, qui ont remarqué la passion des « visiteurs » pour les biscuits de leur mère ! Mais personne ne croit les deux frères, même le jour où ils retrouvent un vaisseau spatial au beau milieu de leur jardin !

745 Punch et Judy **Dès 10/11 ans**
par Avi
Les États-Unis, à la fin du XIXe siècle. Punch a huit ans à peine lorsqu'il est recueilli par la troupe ambulante des Joe MacSneed. Il apprend dès lors à vivre comme un vrai saltimbanque, aux côtés de Judy, la fille de Joe, dont il est amoureux. Mais bientôt, les difficultés s'accumulent…

744 Les naufragés du ciel **Dès 10/11 ans**
par Daniel Vaxelaire
Octobre 1929, aéroport du Bourget : l'avion Farman 192 AJJB s'envole. À son bord, trois héros avec ce rêve fou, ce pari insensé : rallier la Réunion par les airs. Arriveront-ils à bon port ? Farman résistera-t-il aux tempêtes du continent africain ? La mer épargnera-t-elle les aventuriers ?

738 **Le naufragé du Cinquième Monde** **Dès 8/9 ans**

par Hubert Ben Kemoun

Alors qu'il joue une fois de plus à Super Envahisseur, Raphaël voit apparaître une jeune fille sur son écran. C'est Azurela, la princesse qu'il tente de sauver tous les soirs en pianotant sur son clavier d'ordinateur ! Elle lui demande de traverser l'écran pour venir l'aider à défendre son univers pas si virtuel…

713 **Jaguars** **Dès 10/11 ans**

par Roland Smith

À peine de retour du Kenya, le père de Jake se lance dans un nouveau projet. Cette fois, il s'agit de créer une réserve de jaguars en Amazonie. Jake rejoint l'expédition pour les vacances. Mais la semaine a tôt fait de se transformer en une véritable épopée, et Jake en pilote virtuose d'U.L.M !

711 **La Bande Sans Nom** **Dès 10/11 ans**

par Guido Petter

Été 1944. Dans un petit village italien, des gamins rêvent d'aventures et de combats, et créent la Bande Sans Nom. Ils engagent bientôt les hostilités avec les Têtes de fer, tandis qu'au loin résonnent les coups de feu d'une autre guerre, bien réelle.

700 **Burton et Stanley** **Dès 8/9 ans**

par Frank O'Rourke

Deux marabouts d'Afrique perchés sur le toit d'une gare d'Amérique, ça n'existe pas ! Deux marabouts parlant le morse avec le chef de la station, ça n'existe pas ! Mais quand les deux marabouts s'appellent Burton et Stanley et que tout se passe à Cherrygrove, U.S.A., pourquoi pas ?!!

699 En haut, la liberté **Dès 10/11 ans**
par Daniel Vaxelaire
Petit-Jacques vit au Domaine, soumis aux rudes lois de Sansquartier, le contremaître. Comprenant que son frère et sa fiancée vont s'enfuir, il décide de les suivre. Tous trois deviennent des Noirs « marrons », comme on appelle à La Réunion les esclaves fugitifs. Mais une fois dans la forêt, comment survivre et gagner la liberté ?

686 Piège dans les rocheuses **Dès 10/11 ans**
par Xavier-Laurent Petit
Gustin n'a pas vu son père depuis qu'il a… quatre mois ! Cet été, il va le retrouver, au cœur du Wyoming, dans le campement indien où Renard Rouge vit désormais. Mais la sérénité de cette existence sauvage cache une inquiétude, une menace… La présence de Gustin suffira-t-elle à déjouer les plans de Willcox ?

677 La caverne des éléphants **Dès 10/11 ans**
par Roland Smith
Jacob, un jeune Américain de quatorze ans, vient de perdre sa mère. Sans nouvelles de son père depuis longtemps, il décide pourtant de la rejoindre, au cœur de la brousse, au Kenya. Dans cet univers farouche, il découvre l'âme de l'Afrique… et son propre destin.

654 Le merveilleux voyage de Nils Holgersson à travers la Suède **Dès 8/9 ans**
par Selma Lagerlöf
Pour s'être moqué d'un lutin, Nils va être ensorcelé et devenir à son tour tout petit. Il accomplira un voyage extraordinaire à travers son pays, jusqu'en Laponie, sur Akka, un jars qui l'emporte dans les airs.

Cet
ouvrage,
le cent-
dix-septième
de la collection
CASTOR POCHE,
a été achevé d'imprimer
sur les presses de l'imprimerie
Maury Eurolivres
Manchecourt - France
en février 2009

Dépôt légal : juin 1985.
N° d'édition : L01EJENFP2090B007
Imprimé en France.
ISBN : 978-2-0816-2090-2
Loi n° 49-956 du 16 juillet 1949
sur les publications destinées à la jeunesse

MOI, UN LEMMING

Titre original :

THE LEMMING CONDITION

